कविता-संग्रह

पहाड़ पर लालटेन

पहाड़ पर लालटेन

मंगलेश डबराल

राधाकृष्ण प्रकाशन

ISBN : 978-81-7119-303-5

पहाड़ पर लालटेन

पहला संस्करण : 1981
चौथा संस्करण : 2026

मूल्य : ₹495

प्रकाशक
राधाकृष्ण प्रकाशन प्राइवेट लिमिटेड
जी-17, जगतपुरी, दिल्ली-110 051

शाखाएँ : अशोक राजपथ, साइंस कॉलेज के सामने, पटना-800 006
पहली मंज़िल, दरबारी बिल्डिंग, महात्मा गांधी मार्ग, प्रयागराज-211 001
1, अनमोल सोराबजी सन्तुक लेन, धोबी तलाव, मरीन लाइंस, मुम्बई-400 002

वेबसाइट : www.radhakrishnaprakashan.com
ई-मेल : info@radhakrishnaprakashan.com

मुद्रक
विकास कंप्यूटर एंड प्रिंटर्स
ट्रॉनिका सिटी-201 102

PAHAD PAR LALTAIN
Poems by Manglesh Dabral

आलोकधन्वा के लिए

क्रम

पहाड़ पर लालटेन

वसन्त

इन ढलानों पर वसन्त
आएगा हमारी स्मृति में
ठंड से मरी हुई इच्छाओं को फिर से जीवित करता
धीमे-धीमे धुँधुआता ख़ाली कोटरों में
घाटी की घास फैलती रहेगी रात को
ढलानों से मुसाफ़िर की तरह
गुज़रता रहेगा अन्धकार

चारों ओर पत्थरों में दबा हुआ मुख
फिर उभरेगा झाँकेगा कभी
किसी दरार से अचानक

पिघल जाएगा जैसे बीते साल की बर्फ़
शिखरों से टूटते आएँगे फूल
अन्तहीन आलिंगनों के बीच एक आवाज़
छटपटाती रहेगी
चिड़िया की तरह लहूलुहान।

[1970]

आवाज़ें

कुछ देर बाद
शुरू होंगी आवाज़ें

पहले एक कुत्ता भूँकेगा पास से
कुछ दूर हिनहिनाएगा एक घोड़ा
बस्ती के पार सियार बोलेंगे

बीच में कहीं होगा झींगुर का बोलना
पत्तों का हिलना
बीच में कहीं होगा
रास्ते पर किसी का अकेले चलना

इन सबसे बाहर
एक बाघ के डुकरने की आवाज़
होगी मेरे गाँव में।

[1979]

आते-जाते

यहाँ आते-जाते मैंने
भूख के बारे में सोचा जो
दिन में तीन बार लगती थी
और चाहती थी थोड़ा-सा अन्न
कर जाती थी थोड़ा-सा पराजित
हर बार एक स्वप्न दब जाता था उसके नीचे
चेहरे पर आँखों में पूरी देह में
वह हर जगह दिखती थी गुर्राती हुई
माँगती हुई एक इच्छा का रक्त

यहाँ आते-जाते मैंने
ऊब के बारे में सोचा जो

मेज़ पर फैले पानी में काँपते हुए
हमारे चेहरों से टपककर फैलती जाती थी
आसपास कभी कोई आदमी दिखता था
हाँफता अँधेरे में जाता हुआ
कभी कोई औरत दिखती थी
अपना डर छिपाती हुई

यहाँ आते-जाते मैंने
उम्मीद के बारे में सोचा
जिसे अभी कई लड़ाइयाँ लड़नी थीं
फ़ैसले सुनाने थे कब से किये हुए
चारों ओर एक विशाल समरांगण होना था
और बच्चों को दौड़ते हुए आना था
हवाएँ चलनी थीं घंटियाँ बजनी थीं
हर किसी के लौट आने की सूचना देती हुई

यहाँ आते-जाते मैंने
शहर के बारे में सोचा
जो पालतू सूर्यास्त और सनसनीख़ेज़ ख़बरों से
लौटकर अपने मुखौटे छिपा रहा था
किसी तरह सोने की जगह बनाते
दोस्तों से मैंने कहा
कुछ भी बचाया नहीं जा सकता
रात में हम जो सपने देखेंगे
वे भी सुबह यहीं छूट जाएँगे
बाहर एक सड़क होगी कहीं जाती हुई

एक बस होगी हमें वहाँ ले जाती हुई
एक नौकरी होगी धमकाती काम कराती हुई

यहाँ आते-जाते
मैंने दुनिया के बारे में सोचा
जो चारों ओर से बन्द और डरी हुई थी
हमारे दिमाग़ों की तरह
नंगी पड़ी चीज़ों के बाहर और भीतर
ख़ामोशी थी किताबों में
चौरस्तों पर आसमान में
कविताएँ लिख-लिखकर
हम एक विशाल अँधेरे में फेंकते जाते थे
हमारे शब्दों से कितनी दूर
ज़िन्दा रहते थे लोग
हमारी चीख़ से कितनी दूर मार दिये जाते थे वे
किसी मोड़ पर।

[1976]

गिरना

सबसे ज़्यादा ख़ामोश चीज़ है बर्फ़
उसके साथ लिपटी होती है उसकी ख़ामोशी
वह तमाम आवाज़ों पर एक साथ गिरती है
एक पूरी दुनिया
और उसके कोहराम को ढाँपती हुई

बर्फ़ के नीचे दबी है घास
चिड़ियाँ और उनके घोंसले
और खँडहर और टूटे हुए चूल्हे
लोग बिना खाए जब सो जाते हैं
वह चुपचाप गिरती रहती है

बर्फ़ में जो भी पैर आगे बढ़ता है
उस पर गिरती है बर्फ़

बर्फ़ गिर रही है चारों ओर आदि-अन्तहीन
रास्ते बन्द हो रहे हैं
उस पार कोई चीख़ता है
बर्फ़ पर उसकी आवाज़ फैलती है
जैसे ख़ून की लकीर।

[1976]

यहाँ थी वह नदी

जल्दी से वह पहुँचना चाहती थी
उस जगह जहाँ एक आदमी
उसके पानी में नहाने जा रहा था
एक नाव
लोगों का इन्तज़ार कर रही थी
और पक्षियों की क़तार
आ रही थी पानी की खोज में

बचपन की उस नदी में
हम अपने चेहरे देखते थे हिलते हुए
उसके किनारे थे हमारे घर

हमेशा उफनती
अपने तटों और पत्थरों को प्यार करती
उस नदी से शुरू होते थे दिन
उसकी आवाज़
तमाम खिड़कियों पर सुनाई देती थी
लहरें दरवाज़ों को थपथपाती थीं
बुलाती हुईं लगातार

हमें याद है
यहाँ थी वह नदी इसी रेत में
जहाँ हमारे चेहरे हिलते थे
यहाँ थी वह नाव इन्तज़ार करती हुई

अब वहाँ कुछ नहीं है
सिर्फ़ रात को जब लोग नींद में होते हैं
कभी-कभी एक आवाज़ सुनाई देती है रेत से।

[1976]

अगले दिन

पहले उसकी सिहरती हुई पीठ दिखी
फिर दिखा चेहरा
पीठ जैसा ही निर्विकार
कितने सारे चेहरे लाँघकर आया हुआ
वह चेहरा जिस पर दो आँखें थीं
सिर्फ़ देखती हुईं कुछ न चाहती हुईं

वह अकेली थी उस रात
वह कहीं जा रही थी अपना बचपन छोड़कर
कितने सारे लोगों द्वारा आतंकित
कितने सारे लोगों द्वारा सम्मोहित

कितने सारे लोगों की तनी हुई आँखों के नीचे
कितनी झुकी हैं उसकी आँखें
कि वह देख नहीं पाती अपनी ओर आती मृत्यु

हर चीज़ के आख़िरी सिरे तक
वे उसके पीछे-पीछे जाएँगे
जहाँ से एक सुरंग शुरू होती है
सुरंग में कई पेड़ों में से एक पेड़ तले
बैठा होता है उसका परिवार
माँ-बाप भाई-बहन
और पोटलियाँ जिनमें भविष्य बन्द है
साँपों की तरह

वे सारा कुछ सोचकर रखेंगे
पहले से दया पहले से प्रेम
पहले से तैयार थरथराते हाथ
वे उसे पा लेंगे बिना परिवार के
बिना बचपन के बिना भविष्य के
और खींच ले जाएँगे एक जगह
कोई नहीं जान पाएगा किस जगह
डराते मंत्रमुग्ध करते हुए

अगले दिन उसके भीतर
मिलेंगे झड़े हुए कितने पत्ते
अगले दिन मिलेगी खुरों की छाप
अगले दिन अपनी देह लगेगी बेकार

आत्मा हो जाएगी असमर्थ
कितने कीचड़ कितने ख़ून से भरी
रात होगी उसके भीतर अगले दिन।

[1977]

घर

यह जो हाथ बाँधे सामने खड़ा है   घर है

काली काठ की दीवालों पर साँप बने हैं
जिन पर पीठ टेकने के निशान हैं
इनमें दीमकें लगी हैं
जो जब चलती हैं पूरा घर काँपता है

इसमें काठ का एक सन्दूक है
जिसके भीतर चीथड़ों और स्वप्नों का
एक मिला-जुला अन्धकार है
इसके पिता ने दादा से प्राप्त किया था

और दादा ने ख़ुद कमाकर
घर जब टूटेगा बक्स तभी उठेगा

कई बच्चे बड़े हुए इस घर में
गिरते-पड़ते आख़िरकार
खाने-कमाने की खोज में तितर-बितर होते हुए
यहाँ कुछ मौतें हुईं
कुछ स्त्रियाँ रोईं इस तरह
कि बस उनका सुबकना सुनाई दे
कुछ बहुत पुरानी चीज़ें अब भी बजती हैं घर में

दिन-भर लकड़ी ढोकर माँ आग जलाती है
पिता डाकख़ाने में चिट्ठी का इन्तज़ार करके
लौटते हैं हाथ-पाँव में
दर्द की शिकायत के साथ
रात में जब घर काँपता है
पिता सोचते हैं जब मैं नहीं हूँगा
क्या होगा इस घर का।

[1975]

एक स्त्री

सारा दिन काम करने के बाद
एक स्त्री याद करती है
अगले दिन के काम

एक आदमी के पीछे
चुपचाप एक स्त्री चलती है
उसके पैरों के निशान पर
अपने पैर रखती हुई
रास्ते भर नहीं उठाती निगाह

किसी चट्टान के पीछे
सन्नाटे में एकाएक एक स्त्री सिसकती है

अपनी युवावस्था में
अगले ही दिन आने वाले
बुढ़ापे से बेख़बर

रात को आँखें बन्द किये हुए
एक स्त्री सोचती है
समय बीत रहा है
समय बीत जाएगा आँखें बन्द किये हुए।

[1979]

बच्चा

उसे याद था ठीक-ठीक कितने
खिलौने तोड़े उसने हर साल
कितनी बार रोया अकेला पड़ जाने पर
पत्थरों पर कितनी बार गिरा
और उठकर चल दिया घर की तरफ़
एक-एक कर सारे सपने उसे याद थे
जिनमें बच्चे ही बच्चे दिखते थे
उसे अपनी ओर आते हुए
हर चीज़ का स्वाद अलग-अलग
टिका रहता था उसकी जीभ पर

धीरे-धीरे वह बड़ा हुआ
और एकाएक बड़ा हो गया
अब वह हरदम हँसता था
उसे याद नहीं कितनी बार
सपनों की जगह जली हुई ज़मीन थी
जहाँ कभी-कभी सुन पड़ती थी
उसके माँ-बाप के रोने की आवाज़।

[1977]

सबसे अच्छी तारीख़

ज़रा-सा आसमान जरा-सी हवा
ज़रा-सी आहट
बची रहती है हर तारीख़ में
यहीं कहीं हैं वे लचीली तारीख़ें
वे हवादार जगहें
जहाँ हम सबसे ज़्यादा जीवित होते हैं
शब्दों को स्वाद में बदलते हुए
नामों को चेहरों में
और रंगों को संगीत में

वर्ष अपनी गठरी में लाते हैं
असंख्य तारीख़ें

और उन्हें फैला देते हैं पृथ्वी पर
तारीख़ें तनती हैं
तमतमाए चेहरों की तरह
इतवार की तमाम तारीख़ें घूरती हैं
लाल आँखों से
तारीख़ें चिल्लाती हैं भूख   तारीख़ें
माँगती हैं न्याय

कुछ ही तारीख़ें हैं जो निर्जन रहती हैं
पुराने मकानों की तरह
उदास काली खोखली तारीख़ें
जिनमें शेष नहीं है ताक़त
जो बर्दाश्त नहीं कर पातीं बोझ
कुछ ही तारीख़ें हैं
जो पिछले महीनों   पिछले वर्षों की
तारीख़ें होती हैं   नदी के किनारों पर
झाग की तरह छूटी हुईं

सबसे अच्छी तारीख़ है वह
जिस पर टँगे रहते हैं घर-भर के
धुले कपड़े   जिसमें फैली होती है
भोजन की गर्म ख़ुशबू   जिसमें फल पकते हैं
जिसमें रखी होती हैं चिट्ठियाँ और यात्राएँ
सबसे अच्छी तारीख़ है वह
जिसमें बर्फ़ गिरती है और आग जलती है
सबसे अच्छी तारीख़ है वह

जो ख़ाली रहती है
जिसे हम काम से भरते हैं
वह तारीख़ जो बाहर रहती है कैलेंडर से।

[1979]

कविता

कविता दिन-भर थकान जैसी थी
और रात में नींद की तरह
सुबह पूछती हुई :
क्या तुमने खाना खाया रात को?

[1978]

दुःस्वप्न

अपने सपने बहुत पीछे छोड़कर
आती है वह
एकबारगी सारा कुछ भूलती हुई
अपने बचपन और अपने आँसुओं को
जिनसे ढका रहता था उसका छोटा-सा जीवन

धीरे-धीरे उसकी पथराई आँखें
मेरी आँखों तक उठती हैं
उसके सर्द हाथ मेरे चेहरे को थामते हैं
और मैं उसके अन्धकार में
प्रवेश करता हूँ एक और अन्धकार की तरह

और वहाँ होता है एक भयावह सुनसान
और दर्द और इतिहास
वहाँ होती है उसकी बहुमूल्य देह
व्यर्थ जाती हुई   उसके कितने अकेले स्तन
उसकी देह में समाते हुए
वह आँखें बन्द कर लेती है
और गुज़र जाने देती है अपने ऊपर
सारा दर्द अन्धकार और इतिहास

बाहर हवा में पत्ते उड़ते हैं
लोग चहलक़दमी करते हैं
वह दिन-भर का हिसाब जोड़ती है
और देखती है अन्त में
ज़रा-सा अफ़सोस।

[1975]

चुपचाप

लोगों के बीच
अपना घर और अपने शब्द टटोलता हुआ
मैं नहीं कहूँगा कि वह मेरा रक्त था
वह मेरी आदत थी

तमाम सम्बन्धों को विदा कर देने के बाद
मैं यहाँ उगा हूँ
जहाँ सारी ऋतुएँ समाप्त हो गई हैं
धूप और समुद्र समाप्त हो गए हैं
थोड़ी देर के लिए मैं उगा हूँ यहाँ
जहाँ उजाला जाले की तरह चिपटता है

और समस्याएँ मेरी भूख के आगे
डाल देती हैं मेरा ही शरीर

यह अँधेरा
हमें लगातार नाटक की तरह खेलता रहा
ये दरारें हमारी हलचलों से निकली हैं
यहाँ अब न कोई अफ़वाह है
न प्रेम न घृणा
जिसके बीच हमारे चेहरे आपस में मिलते थे
मौसमों के दरवाज़े लाँघते हुए
अपने ऊपर आकाश बदलते हुए

जहाँ अब कोई घटना नहीं है
फटे हुए दिन को ख़बरों से ढककर
मैं एक भीड़ की ओर फेंकता हूँ
और अपने अकेले घर
और अकेले शब्दों के बीच
आदत की तरह लौट आता हूँ
चुपचाप   और भी चुपचाप।

[1972]

पानी की रात

लोग जो अपनी चिन्ताओं से छूटने आए थे वहाँ
एक शाम उन सबने कहा
पानी बढ़ रहा है
नदी अपनी बग़ल में फैले जंगल जैसी
प्रलापों से भरी नींद जैसी नदी में
पेड़ों से गिरता अँधेरा बहता था
किनारे पर औरतें शोकगीत गाती खड़ी रहीं
बूढ़े खाँसते रहे तेज़ हवा में
नौजवानों के चेहरों पर कितनी धूल
कितने पैबन्द लहूलुहान देहों पर
स्याह पानी भरता हुआ उनकी आत्मा के खोखल में

किस घाटी से आ रहा है यह अन्धकार
वे चीख़े
अपने ही रक्त में डूबे हुए
हमें कुछ भी दिखलाई नहीं देता
पीठ फेरकर जाते हुए स्वप्न भी नहीं
हमें दिखलाओ वे जगहें हम जिन्हें छोड़ आए हैं
हमें वे शब्द दो जिनके बीच कभी तो होगा
हमारा सूर्योदय

पत्थरों पर पानी सिर फोड़ता था
पानी के आदमियों जैसे हज़ार-हज़ार सर
और धुन्ध में जमता झाग
रात में चमकता हुआ।

[1975]

आख़िरी वारदात

जीभ लपलपाते दिन
मेरे सर से चले जाते हैं
और धूप मुझे कुछ और मूर्ख बनाकर
छोड़ देती है   शहर के बीचोबीच
एक अजीब-सी धुंध में
चौंककर मैं आँखें साफ़ करता हूँ
शहर एक स्थायी बाढ़ में बहता चला जाता है
मुझे लकड़ी या पत्थर की तरह
किनारे फेंकता हुआ

मेरा चश्मा जो कि मुझे
उदास और रोबीला बनाता है अक्सर

मेरी आत्मा के अतल में
धँसा हुआ करकता है
रात को जब मैं सिगरेट बाले हुए
बिस्तर पर पड़ा होता हूँ
मुझे अपने गले से
एक अश्लील घरघराहट सुनाई देती है
और मैं टटोलता हूँ चेहरे पर उभरते
इच्छाओं के खुरदरे सींग

मैंने देखा है कई साल से
स्तब्ध लड़कियों को
जो दफ़्तरों से निकलकर
कटे हुए पौधों की तरह फैल जाती हैं
सड़कों पर कहीं न देखती हुईं
मैंने मकानों के पिछवाड़े से उठती हुई
भूख देखी है
तहस-नहस रात के कठघरे में चिल्लाते
कुछ पागलों को देखा है
और सुनी है झनझनाते दिमाग़ में
गूँजती हुई एक असमर्थ टाप

एक आख़िरी वारदात के अन्तर्गत
हर तरफ़ हरे पेड़ हिल रहे हैं
शहर में धूल जम रही है
लोग एक-दूसरे को धक्का देते
और आगे खिसक लेते हैं

अँधेरे में फूले पेट की एक औरत ऊँघती है
उसके तीन मरियल बच्चे
आपसे में पिटते हैं
और मैं दोनों हाथ बाँधता हुआ
बस-स्टॉप पर खड़ा होता हूँ
जहाँ एक ताज़ा पोस्टर मेरी प्रतीक्षा में है
और एक अज्ञात चिड़िया
मेरी स्मृति में चहचहाने को आतुर है।

[1975]

सम्राज्ञी

तुम्हारे ढीले चेहरे के फ़ौरन बाद
एक भीड़ शुरू हो जाती है
एक हल्ले में लोगों के नाक-नक़्श गुम गए हैं
और सतह पर लाल पगड़ियाँ तैर रही हैं

थुलथुल अंगरक्षक
मूर्ख मुद्राओं में ठुमकने लगे हैं
और सम्राज्ञी के बाहर आने में अब देर नहीं है
वह अभी आएँगी
और अपना दुर्लभ हाथ हिलाकर
सबको धन्य कर देंगी

फ़िलहाल सामने से एक कुत्ता निकल रहा है
अपने आलीशान घर की ओर जाता हुआ
जहाँ कुत्ते से अधिक ख़तरनाक एक आदमी
रोज़ तुम्हें चौंकाता है :
कुत्ते से सावधान!

[1974]

थकान

शाम को सारी दुनिया को झाड़कर
बिस्तर पर
औंधा होकर अन्त में
क्या बचता है कन्धे पर बैठे दुख के अलावा
आत्मा पर फफूँद के अलावा क्या बचता है
अन्त में

धीरे-धीरे दिनचर्या के नीचे दबा हुआ
अँधेरा ऊपर उठता है
पार्कों से आई हुई हवा पार्कों में लौट जाती है
बच्चे घरों में बन्द हो जाते हैं
दिन-भर देखी गई स्त्रियाँ देर तक दिमाग़ में

गूँजकर सोने चली जाती हैं
एक तेज़ नदी की तरह सन्नाटा उतरता है आसमान से

रात जब निश्शब्द
हमारी छाती पर झुकी होती है
काले रंग की थकान बिस्तर पर चढ़ती है
मांसपेशियों के मोड़ लाँघती है
काले रंग की थकान
आत्मा में से उठाती है अपना हाथ

ये वर्ष ख़ामोशी की तरह खड़े हैं
धुंध-भरे इन कमरों में नींद है
जिनमें अतीत है प्रज्वलित मोमबत्तियों की तरह
इनकी छतों पर बर्फ़ जम चुकी है
सीटियाँ मारते किलकार करते
स्वप्न उन पर चलते हैं
ख़ून की लकीरें छोड़ते हुए

आधी रात रोशनी में
पेड़ चुपचाप पत्तियाँ गिरा रहे होते हैं
आधी रात पशुओं की वासना में
दबी धरती फैल रही होती है
आधी रात खँडहरों से राख उड़ती है
हमारी हड्डियों पर।

[1974]

अकेला आदमी

अकेला छोड़ दो मुझे हर बार अकेला आदमी
चिल्लाता है एक गहरी रात में
संसार को अपने रक्त में अस्त होते देखता
अकेला आदमी बुदबुदाता है अपनी आख़िरी थकान
अपनी छत पर अपने क्रोध में टहलते हुए
हाँफते पैंट कसते बार-बार गले से
एक अश्लील घरघराहट सुनते हुए अकेला आदमी हो चुका है
बिना कुछ किये-धरे होते रहने से परेशान

एक गहरी रात में जब चीज़ें
ठीक उस जगह चली जाती हैं जहाँ से

उनका जन्म हुआ था अकेला आदमी अपने ठंडे बिस्तरे से
उठकर रोने लगता है
क्या करूँ कहाँ जाऊँ किस रास्ते पर
किस दोस्त के यहाँ क्या कहूँ
कूच करने से पहले सारा कुछ कह दूँगा एक बार

अकेला आदमी सीढ़ियाँ उतरकर
बाहर आता है हवा में आते-जाते मौसमों में
बदबूदार गलियों और झील जैसी शामों में
बच्चों में जो देखते ही देखते क्रूर हो जाएँगे
आकाश के नीचे अपने अकेले बिस्तर को
याद करता हुआ अकेला आदमी
टहलता है सुनसान में सड़कों पर
मृत्यु की तरह व्याप्त प्रकाश में अपने अन्धकार को
छाते की तरह ताने हुए अकेला आदमी
गुज़रता है चीज़ों के बीच से।

[1974]

तुम्हारा प्यार

[एक पहाड़ी लोकगीत से प्रेरित]

तुम्हारा प्यार लड्डुओं का थाल है
जिसे मैं खा जाना चाहता हूँ

तुम्हारा प्यार एक लाल रूमाल है
जिसे मैं झंडे-सा फहराना चाहता हूँ

तुम्हारा प्यार एक पेड़ है
जिसकी हरी ओट से मैं तारों को देखता हूँ

तुम्हारा प्यार एक झील है
जहाँ मैं तैरता हूँ और डूब रहता हूँ

तुम्हारा प्यार पूरा गाँव है
जहाँ मैं होता हूँ।

[1976]

परछाईं

परछाईं उतनी ही जीवित है
जितने तुम

तुम्हारे आगे-पीछे
या तुम्हारे भीतर छिपी हुई
या वहाँ जहाँ से तुम चले गए हो।

[1975]

मकान

यह मकान सारा कुछ छिपाए हुए है
अपने अन्धकार में औरत
औरत का स्वप्न
औरत का बच्चा
औरत की मौत।

[1975]

पहाड़

पहाड़ पर चढ़ते हुए
तुम्हारी साँस फूल जाती है
आवाज़ भर्राने लगती है
तुम्हारा क़द भी घिसने लगता है

पहाड़ तब भी है जब तुम नहीं हो।

[1975]

शहर-1

मैंने शहर को देखा और मैं मुस्कराया

वहाँ कोई कैसे रह सकता है
यह जानने मैं गया
और वापस न आया।

[1974]

थरथर

अन्धकार में से आते संगीत से
थरथर एक रात मैंने देखा
एक हाथ मुझे बुलाता हुआ
एक पैर मेरी ओर आता हुआ
एक चेहरा मुझे सहता हुआ
एक शरीर मुझमें बहता हुआ।

[1976]

शब्द

कुछ शब्द चीख़ते हैं
कुछ कपड़े उतार कर
घुस जाते हैं इतिहास में
कुछ हो जाते हैं ख़ामोश।

[1975]

चिड़िया

एक क़तार में झुके हुए
अपने सरों के ऊपर बेचैन मँडराते
हमने उसे नहीं देखा
हवा में एक दरार देती हुई
वह कमरे में आई और
एक-दो लाचार उड़ानें भरती हुई
छिटक गई मेज़ के नीचे
इतना सारा आसमान पार करने के बाद
यह एक छोटा-सा अन्त था
जिसमें सिर्फ़ आँखें मुँदीं
और पैर सिकुड़ गए चुपचाप

चिड़िया को हम
हमेशा उसकी मृत्यु के बाद देखते हैं
हवा उसके डैनों से लिपटकर मर चुकी है
आसमान उसकी पुतलियों में
सिकुड़कर स्याह हो गया है
ठंडे फ़र्श पर उसकी बारीक साँस
लाँघती जाती है
सड़ी हुई टहनियों ज़मीन में गिरे घोंसलों
और चिंचियाते बच्चों का संसार

नया मौसम आसमान से उतरकर
पेड़ों पर अटक रहा होता है
और चिड़िया हमारी मांसपेशियों के फँसाव से
निकलकर उड़ती है आतंकित
ख़ून की ख़ामोशी को छेदती हुई
एक छटपटाहट है जिसके पार
चिड़िया घूमती दिखती है
तमाम चीज़ों को अपनी चोंच से चीरकर
अपना फूला हुआ पेट तानकर
दिशाओं के बीचोबीच झूलती है चिड़िया
अपनी कई-कई शक्लों में
चिड़ियाँ असंख्य हैं
और ख़ून है एक बूँद
जिसे पोंछ दिया जाता है पैर से।

[1972]

लम्बा रास्ता

मेरे घर से बहुत दूर
तुम रहती हो अपने घर में
अपने उदास और लम्बे रास्ते से लौटती हो
तुम रोशनियों के नीचे
देखती हुई उनका प्रकाशित अकेलापन
तुम्हारी चुपचाप आँखों में
सुबह के पेड़ों के पत्ते काँपते हैं
और मटमैले रंग की यह पृथ्वी हिलती है
तुम चलती जाती हो पेड़ों और पृथ्वी से दूर
मेरे घर से बहुत दूर

यहाँ लगातार ख़त्म होने
और जन्म लेने की आहटें हैं
बर्फ़ गलने और बंजर ढलानों पर
जीवन के आने की आहटें
हवा में धीरे-धीरे तुम्हारे शरीर की गन्ध
धीरे-धीरे हाथ-पैर धीरे-धीरे आकार
और महसूस करने के लिए छोटे-छोटे रोयें
कितने सारे रंगों से मिलकर बने
तुम्हारे रंग से शुरू होते हैं दिन

तुम गुज़रती जाती हो आहटों से दूर
हाथ बढ़ाकर मैं तुम्हारे हाथ छूता हूँ
चौराहों पर रोशनियों के बीच
उदास और लम्बे रास्ते से चलकर आए
मेरे चुम्बन
तुम्हारे चेहरे पर थरथराते हैं कुछ देर
कोहरे की तरह
तुम्हारी देह और रक्त में प्रवेश करते हैं
रात को वे चमकते हैं
तुम्हारी नींद में।

[1976]

अंगों से

रात तुम्हारी आँखों में गोलाकार नाचती है
तुम्हारे माथे पर पिछले
स्पर्शों का उजाला होता है
और तुम्हारी उँगलियों में एक युद्ध
बचपन की हवा और गन्ध में सोये
भूरे जंगलों से पानी की तरह
फूटता है तुम्हारा रुदन
मौसमों के चमकीले अतल में तुम्हारी
हँसी की छायाएँ गिरती हैं
तुम्हारे अंगों से उठता है आसमान।

शहर-2

मेरे रक्त की अन्तिम उछाल के बाद
शुरू हो जाती हैं
शहर की मुख्य दीवारें
नींद के चारों ओर क़िलों और क़ब्रों को रौंदते
दौड़ते रहते हैं घुड़सवार
उनके विकराल जबड़े हर तरफ़
काला आसमान उगलते हैं
उनके टूटे हुए कवचों से झरता है समय
और वे आते हैं
अपनी क्रूरता के दमकते प्रसंगों से
औरतों को फुसलाने के लिए
उनकी अन्तहीन करुणा दबोचकर

मुँडेरों पर चमकते काँच के टुकड़ों में
देर तक ठहरा रहता है
एक लहूलुहान दृश्य
और उसके बाद लोग भविष्य
और मृत्यु के इन्तज़ार में रुके होते हैं
अन्धकार और वंशवृद्धि से बनी खोह में
शहर सीटियाँ बजाता है
सन्नाटे में पड़ी सड़कों पर सरकता हुआ मैं
इस नाटक के अन्त में घुसता हूँ
और एक आदमक़द भय के आगे खड़ा हो जाता हूँ :
कहाँ हैं मेरे हिस्से के प्रेम-सम्बन्ध
राशन के ख़ाली कनस्तर   रेल की पटरियाँ
किताबें और नौकरियाँ
और भविष्य रचने वाले रोमांच
कहाँ हैं मेरे हिस्से के कारतूस
मैं पूछता हूँ और शहर मुझ पर पहले
लाल-पीला होता है फिर हरा हो जाता है
जिसमें मिटते हुए मैदान हैं और बचते हुए लोग

फ़िलहाल यह ठीक है
कि हम छतों से नहीं टकरा रहे हैं
और एक दरवाज़ा हमें
बाहर की जड़ता से जोड़े हुए है
हर रात को एक अन्तिम रात की तरह महसूस करते
हम नि:शब्द रोटियाँ कुतरते हैं
अपनी मुरझाई टाँगें बटोरकर

हम एक-दूसरे की पीड़ाओं पर झुके ऊँघते हैं
तमाम ज़रूरतें हमारे नाख़ूनों के नीचे तप रही हैं
और शहर हमें
अपनी मनमानी शक्ल में ढाल रहा है
अपने नकली अँधेरे में शहर
ख़तरे की आवाज़ में बदल रहा है
एक भीड़ में शहर
लाठियों की तरह हम पर टूट रहा है
एक जासूस की तरह हरदम
हमारी हरकतों से गुज़र रहा है
फफूँद की तरह फैल रहा है
शहर हम पर।

[1974]

गाथा

इसी तरह मैं लौटता हूँ तुम्हारी देह में
तुम्हारे रक्त में रोशनी की तरह घूमता हुआ
वर्षों की स्याह घाटियों से उभरकर
मैं तुम्हारी आत्मा की निश्चेष्ट झील में
उतरता हूँ एक बनैले पशु की तरह
इन यात्राओं में मिलने जाते हैं
रौंदे हुए दलदल गूँजती गुफाएँ
और तुम्हारे शरीर में सोई हुई शताब्दियाँ
जो छूते ही फुफकारती उठ खड़ी होती हैं

तुम आविष्कृत होती हो इसी तरह
बार-बार बर्फ़ीले वनों

और डरावनी गाथाओं में
तुम्हारी यात्राएँ कभी समाप्त नहीं होतीं
इस पेड़ के नीचे तुम्हारे हाथ गिरते हैं
उस चट्टान पर तुम्हारे होंठ
तुम्हारे स्तनों की छाप
उभरती जाती है खुरदरे पत्थरों पर
नदियों के निरन्तर जल में

तुम्हारे अंग एक-एक कर
धरती पर छूटते जाते हैं
स्वर्ग तक की सुदूर यात्राओं के इस नरक में
पिघलती बर्फ़ से
तुम्हारे शरीर की अन्तिम गन्ध उठती है
और तुम्हारे कंकाल में धँसा हुआ दुख
चमकता है दु:स्वप्नों की इस रात में

लहूलुहान स्मृतियों के कोहराम में
मछली की आँख पर तीर मारकर
लौट जाने का एक स्वप्न है
अनगिनत मत्स्य-वेधों से बना तुम्हारा शरीर
अतीत की निर्जन युद्धभूमियों से
धीरे-धीरे उठता है और उसके साथ
तमाम कायरताएँ प्रतिशोध और प्रायश्चित्त भी
जो तुम्हारी देह के बाद हुए

दरारों से सब कुछ उठता है
आर्तनाद की तरह
सिर्फ़ समय आता है
और तुम्हारे विगलित अंगों को लपेटकर
टहलता है तुम्हारी मृत्यु और
तुम्हारे जन्म के आर-पार सुनसान में।

[1974]

अन्तराल

हरा पहाड़ रात में
खिसककर मेरे सिरहाने खड़ा हो जाता है
शिखरों से टकराती हुई तुम्हारी आवाज़
सीलन-भरी घाटी में गिरती है
और बीतते दृश्यों की धुन्ध से
छनकर आते रहते हैं तुम्हारे देह-वर्ष
पत्थरों पर झुकी हुई घास
इच्छाओं की तरह अजस्र झरने
एक निर्गंध मृत्यु और वह सब
जिससे तुम्हारा शरीर रचा गया है

लौटता है रक्त में
फिर से चीख़ने के लिए।

[1973]

रेल में सात कविताएँ

1

रेल
प्लेटफ़ॉर्म छोड़कर
आगे बढ़ती है
प्लेटफ़ॉर्म लोगों की तरह हैं
छूटे हुए ख़ाली उदास
अपने उजाले में अकेले
सिहरते हुए

कोई नहीं जाता
रेल के साथ
चलती है सिर्फ़ रात

लोहे की तरह है यह रात
हम इस लोहे के भीतर
लेते हैं साँस।

2

रेल की खिड़की से
मैं आसमान देखता हूँ
जो दूर जाकर पृथ्वी से मिल गया है
वहाँ सो रहे हैं
दिन-भर के थके हुए पक्षी
वहाँ सो रहे हैं हारे हुए लोग
वहाँ फैला हुआ है
पृथ्वी का अनन्त दुख
रेल में एक बच्चा   झपकी लेता है
माँ के दूध का सपना
देखता हुआ
एक बूढ़ा आँखें मूँद कर
सोचता है
मौत एक रेल की तरह है
मुझे ले जाती हुई
चेहरा झुकाए एक लड़की
किताब पढ़ती है गुमसुम
उसकी किताब के पन्नों से गुज़रती है
रेल जैसे आँसू की लकीर

नींद जैसे एक बियाबान में
रेल सीटी देती है
समय बीत रहा है
समय बीत जाएगा
चीज़ों को पीछे छोड़ते हुए।

3

नीचे देखने पर मुझे
अपनी छाया दिखाई देती है ज़मीन पर
यह मुझसे दुगुनी है
और बैठी है बिना साँस लिये
इससे कोई बात करना व्यर्थ है
जवाब के लिए यह हमेशा
देखती है मेरी ओर
दूसरी छायाओं से इसका कोई सम्बन्ध नहीं
यह इतनी दूर बैठी है
फिर भी मुझमें लिपटी है बेतरह
सिर्फ़ इसके और मेरे बीच
जब पेड़ और पुल प्रवेश करते हैं
तब यह छितराती है
और बन जाती है
किसी दूसरे आदमी की छाया।

4

कितनी सारी नदियाँ हैं
जिन्हें मैं नहीं जानता
और पुल
जिन पर मैं नहीं चला
कितना सारा पानी है
जिसे मैंने नहीं छुआ

अब यह सब
पड़ता है मेरे रास्ते में।

5

एकाएक आसमान में
एक तारा दिखाई देता है
हम दोनों साथ-साथ
जा रहे हैं अँधेरे में
वह तारा और मैं।

6

यह वह जगह है
जहाँ बार-बार रेल आकर रुकती है
और धुआँ छोड़ती है कुछ देर

यह वह जगह है
जहाँ हम जवान हुए थे एक दिन।

7

मैंने एक दृश्य देखा
जिसमें एक ख़ामोश नदी थी
और कुछ झाड़ियाँ थीं
नदी को घेरे हुए

मैंने उसे देखा और
मैं अभिभूत हुआ
ओ दृश्य मैं तुझे याद रखूँगा
हमेशा
कि मैं अभिभूत हुआ।

[1977]

किसी दिन

किसी दिन हम दीवाल पर पीठ टिका देंगे
हम जो बैठे हैं
रोशनी में कविता बाँचते हुए

किसी दिन हमारे कपड़े नदी में तैरते दिखेंगे
चिट्ठियों पर धूल जम जाएगी
कमरे में साँप भरे होंगे किसी दिन

किसी दिन जीभ का स्वाद मिट जाएगा
हाथ की लकीरें ग़ायब हो जाएँगी
रातों-रात किताबें खो जाएँगी
चश्मा टूट जाएगा तड़ाक-से

किसी दिन सिर्फ़ दीवाल होगी
जिस पर हम
टिकाएँगे पीठ।

[1975]

पत्तों की मृत्यु

कितने सारे पत्ते उड़कर आते हैं
चेहरे पर मेरे बचपन के पेड़ों से
एक झील अपनी लहरें
मुझ तक भेजती है
लहर की तरह काँपती है रात
और उस पर मैं चलता हूँ
चेहरे पर पत्तों की मृत्यु लिये हुए

चिड़ियाँ अपने हिस्से की आवाज़ें
कर चुकी हैं   लोग जा चुके हैं
रोशनियाँ राख हो चुकी हैं

सड़क के दोनों ओर
घरों के दरवाज़े बन्द हैं
मैं आवाज़ देता हूँ
और वह लौट आती है मेरे पास।

[1979]

पैरों के पीछे

[प्रमोद जोशी के लिए]

एक दस्तक सुनकर
मैं हड़बड़ी में दरवाज़ा खोलूँगा
और तुम भीतर आओगे
दिन-भर की ख़बरों   थोड़ी-सी हवा
और चुप्पी के साथ
थकान की तरह अपना कोट उतारकर
आईने में कुछ देर
तुम अपना चेहरा देखोगे और मुस्कराओगे
कमरे में हल्की-सी धूल उड़ेगी
और चली जाएगी
खिड़की से बाहर

इस तरह सब कुछ
बीतता जाता है रोज़
उसी रास्ते आना-जाना   थकान
किताबें   नींद   बहसें और उनके बाद
आने वाली पथरीली उदासी
सब कुछ बीतता जाता है
हमेशा हम बचे रह जाते हैं
किसी स्वप्न के भीतर दुबके हुए
अपनी बची-खुची ज़िन्दगी बचाते हुए
सोचते हुए कि एक दिन
कोई विस्फोट होगा और ज़िन्दगी बदलेगी

मेज़ पर गम्भीरता से झुके हुए
हम किसके प्रतिनिधि हैं
किस घटना की ख़बर हैं हम
कौन हैं वे लोग हम जिनकी आवाज़ हैं
भूख से भर्राई हुई
हम उन्हें जान पाते   कोई हथियार
दे सकते उनके हाथों में
हम उनसे पूछ सकते क्या वे अपने साथ
लाए हैं अपनी आग
कविता से पूछे जाने थे
सारे सवालों के जवाब
पूरी सदी   पूरे ख़ून का हिसाब

भारी दिमाग़ और काँपते पैरों से

हम एक दिन चल देते हैं
बिना किसी यात्रा के   बिना उद्‌देश्य के
बिना प्रेम किये   बिना लड़े
चलते हुए हम अपने साथ
ले जाते हैं अपने शब्द
पैरों के पीछे ख़ामोशी छोड़ते हुए।

[1977]

पहाड़ पर लालटेन

जंगल में औरतें हैं
लकड़ियों के गट्ठर के नीचे बेहोश
जंगल में बच्चे हैं
असमय दफ़नाए जाते हुए
जंगल में नंगे पैर चलते बूढ़े हैं
डरते-खाँसते अन्त में ग़ायब हो जाते हुए
जंगल में लगातार कुल्हाड़ियाँ चल रही हैं
जंगल में सोया है रक्त

धूप में तपती हुई चट्टानों के पीछे
वर्षों के आर्तनाद हैं

और थोड़ी-सी घास है   बहुत प्राचीन
पानी में हिलती हुई
अगले मौसम के जबड़े तक पहुँचते पेड़
रातोरात नंगे होते हैं
सूई की नोक जैसे सन्नाटे में
जली हुई धरती करवट लेती है
और एक विशाल चक्के की तरह घूमता है आसमान

जिसे तुम्हारे पूर्वज लाए थे यहाँ तक
वह पहाड़ दुख की तरह टूटता आता है हर साल
सारे वर्ष सारी सदियाँ
बर्फ़ की तरह जमती जाती हैं निःस्वप्न आँखों में
तुम्हारी आत्मा में
चूल्हों के पास पारिवारिक अन्धकार में
बिखरे हैं तुम्हारे लाचार शब्द
अकाल में बटोरे गए दानों जैसे शब्द

दूर एक लालटेन जलती है पहाड़ पर
एक तेज़ आँख की तरह
टिमटिमाती धीरे-धीरे आग बनती हुई
देखो अपने गिरवी रखे हुए खेत
बिलखती स्त्रियों के उतारे गए गहने
देखो भूख से बाढ़ से महामारी से मरे हुए
सारे लोग उभर आए हैं चट्टानों से
दोनों हाथों से बेशुमार बर्फ़ झाड़कर
अपनी भूख को देखो

जो एक मुस्तैद पंजे में बदल रही है
जंगल से लगातार एक दहाड़ आ रही है
और इच्छाएँ दाँत पैने कर रही हैं
पत्थरों पर।

[1974]

अत्याचारियों की थकान

अत्याचार करने के बाद
अत्याचारी निगाह डालते हैं बच्चों पर
उठा लेते हैं उन्हें गोद में
अपने जीतने की कथा सुनाते हैं

कहते हैं
बच्चे कितने अच्छे हैं
हमारी तरह नहीं हैं वे अत्याचारी

बच्चों के पास आकर

थकान मिट जाती है उनकी
जो पैदा हुई थी करके अत्याचार।

[1980]

तानाशाह कहता है

हमारे बिना तुम कुछ नहीं कर सकते
तानाशाह कहता है
तुम उठ नहीं सकते   साँस नहीं ले सकते
कहीं आ-जा नहीं सकते
हम न हों तो तुम भी नहीं हो सकते

देखो तुम्हारी झोंपड़ियों के छप्पर
उड़ गए हैं
और कई रोज़ से तुमने कुछ नहीं खाया
तुम्हारी फ़सल कोई लूट ले गया है
तुम्हारे बच्चे रो रहे हैं
आसमान की ओर मुँह किये हुए

फिर भी तुम ख़ुश रह सकते हो
अगर हमारे होकर रहो
हम तुम्हारे लिए ही आए हैं
कहता हुआ तानाशाह नेपथ्य से आता है
जो हमारा नहीं उसकी ख़ैर नहीं
कहकर मुस्कराता है

तानाशाह कहता है
धैर्य रखो धैर्य बड़ी चीज़ है
अपने दुख के बारे में मत सोचो
और दुख होगा
मुझसे देखा नहीं जाता तुम्हारा दुख
देखो देखो कितना बड़ा है मेरा दुख

तानाशाह चाहता है
तुम सिर्फ़ उसके दुख के बारे में सोचो
और कुछ करना ही है
तो इतना करो
कि जब वह मरने लगे
तो खोज लाओ एक नया तानाशाह।

[1980]

मुक्ति

पीठों पर घाव और कन्धों पर हथियार लिये हुए
लोगों की आहटें और नज़दीक हो गई हैं
उनके काँपते सर और सूराख़दार सीने
धीरे-धीरे अपने पैतृक विलाप से बाहर आ रहे हैं
कच्ची मिट्टी से सने उनकी उँगलियों के पोर
सनसनाते हैं   ख़ून की लकीरों जैसी
उनके हाथ की रेखाएँ चमकती हैं
उठी हुई कुहनियों से मीलों स्तब्ध हवा काँपती है
उनकी धमनियों में गूँजती भूख
खोजती है अपना ग़ुस्सा और अपना प्रेम
उनके रोओं से उड़ती है बारूद

अपने मरे हुए बच्चों की खोज में
मैंने उन्हें एक जंगल से निकलकर
दूसरे जंगल में जाते हुए देखा है
मैंने नारों और वादों के लिजलिजे जाल में
उनकी भूख को एक मुस्तैद और नुकीले
पंजे में बदलते देखा है
मैंने उन्हें मौत के अँधेरे समुद्रों में
एक रहस्यमय लपट की तरह चलते हुए देखा है
मैंने उन्हें बेशुमार पौधों की तरह नाचते दखा है
इस रक्तरंजित रेगिस्तान में

खेतों और मकानों से उठकर वे
खेतों और मकानों में बिछ रहे हैं
वे चट्टानों के भीतर जड़ों की तरह पसर रहे हैं
घाटियों और चरागाहों में फड़फड़ाते हुए
वे लगातार आ रहे हैं अन्याय को
फिर से अपने रक्त और मांस में पकड़ने के लिए
सुनसान और अवैध रास्तों से गुज़रते हुए
वे सुनते हैं सुदूर जेलों में बजती
मृत्यु की सूचना देती बेड़ियाँ
और अजन्मे बच्चों के नाम पेड़ों पर गोदते हैं : मुक्ति

धमनियों में गूँजते इस ग़ुस्से और इस प्रेम को देखो
इस बंजर को देखो जिसका हर कोना
एक नये मनुष्य की गन्ध से भर गया है
और सड़कें और टहनियाँ पानी और फूल

और रोशनी और संगीत
तमाम चीज़ें हथियारों में बदल गई हैं
चीख़ों और हाथों के चिह्न जहाँ-तहाँ छूटे हैं
देखो रक्त के थक्कों के नीचे
अब भी ज़मीन हरी है दरारों में पानी की छरछराहट है
और हमारी भूख है
जिसे हम सबसे ज़्यादा जानते हैं।

[1973]

खिड़की

इस खिड़की के बाहर
मेरा इन्तज़ार हो रहा है
मुट्ठियाँ ताने हुए शब्दों की तरह
हरे पत्तों से भरपूर सुबह दिखेगी
एक बड़ी भूरी चिड़िया की तरह
कोहरा टहनियों पर टिका होगा
एक छत से धुआँ उठ रहा होगा
एक बच्चा सड़क पर पड़ी
पतंग ले जाता होगा अपने घर
उसकी ओस पोंछता हुआ

इस खिड़की के बाहर
मेरा इन्तज़ार हो रहा है
वहाँ मेरे बचपन के कपड़े सूख रहे हैं
नये पत्तों के फूटने की ख़बर
पिता की चिट्‌ठी
और माँ की हँसी फैली होगी धूप में
वहाँ मेरे दोस्त होंगे
ज़िन्दगी में जाने के लिए तैयार
कपड़े पहनते हुए

सूरज होगा एक-एक दृश्य से टकराता हुआ
इस खिड़की के बाहर
मेरा इन्तज़ार हो रहा है
रात के स्याह पानी से उभरते
घरों की खिड़कियाँ खुल रही हैं
आँखों की तरह
मुझे यह खिड़की खोलनी चाहिए
जो तमाम खिड़कियों के
खुलने की शुरुआत है।

[1979]